Rémilly

sans prêtres.

A QUI LA FAUTE ?

AVRANCHES

Imprimerie Nouvelle. — Directeur : F. JEANNE

— 1908 —

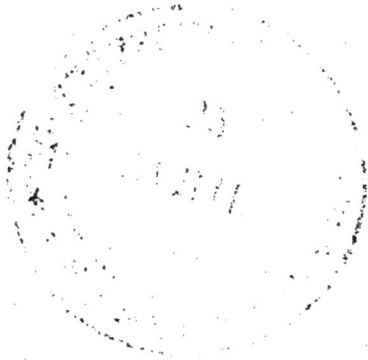

Remilly

sans prêtres.

A QUI LA FAUTE ?

AVRANCHES

Imprimerie Nouvelle. — Directeur : F. JEANNE

— 1908 —

Braves Gens
de Remilly

Vous souffrez, dans votre foi et dans votre honneur, de la situation religieuse qui existe depuis déjà longtemps, et qui vous fait malheureusement classer parmi la demi-douzaine de communes de la Manche en révolte contre l'autorité diocésaine.

Vous vous demandez comment pourra cesser une crise aussi contraire à vos intérêts de toutes sortes.

Eh bien ! ce petit opuscule vous indiquera le remède, précisément en vous montrant la vérité, toute la vérité, et rien que la vérité sur les causes de vos maux.

Jusqu'à présent vous n'avez guère entendu qu'une cloche, celle de la Mairie. Écoutez-en maintenant une seconde, celle qu'on peut appeler la Cloche des faits, *tels qu'ils se sont accomplis; elle va vous les dire avec les accents de la loyauté, du bon sens, des convenances, du droit et de l'affection.*

Suivez-moi, mes amis, avec toute votre impartialité, et dites, après m'avoir lu sans passion, si la faute doit être rejetée sur l'Autorité diocésaine ou sur l'Autorité communale.

Indemnité vicariale.
Sa suppression.

Depuis longtemps, la commune, pour assurer la présence d'un vicaire dans la paroisse, s'était engagée à compléter le prix de sa pension dont la Fabrique ne pouvait seule faire les frais, et elle votait, à cet effet, chaque année, une somme de deux cents francs.

Il n'est personne à Remilly qui ne sache cela. Mais la grande majorité ignore sans doute comment s'est opérée la suppression de cette indemnité.

Le conseil municipal avait encore inscrit, à son budget de 1906, la somme en question sous cette formule : *Traitement du vicaire.*

Avant d'approuver ou de refuser l'ouverture de ce crédit, la Préfecture demanda, paraît-il, des explications sur la nature de ce traitement. Etait-il considéré comme *indemnité* ou comme simple *allocation ?*

De la réponse à cette question dépendait la solution, qui serait *favorable* s'il s'agissait de

simple allocation, et *défavorable* s'il s'agis
sait d'*indemnité*.

Cela ressort d'une lettre de M. le Préfet, en
date de mai 1906, dont M. le secrétaire de mairie a donné connaissance à M. l'abbé Guillemin, en janvier 1907.

Le Conseil municipal a-t-il été mis au cou-
rant de la question posée par la Préfecture ?

Nous l'ignorons. Mais ce qui est certain, c'est
que, dans la réponse que l'on a faite, le mot
indemnité a été employé au lieu du mot *allocation ; c'est-à-dire que l'on s'est servi du
terme qui devait provoquer le refus d'ouverture du crédit !*

*Serait-ce un faux jugement de penser que
la chose a été faite à dessein ?*

Quoiqu'il en soit, une seconde lettre de la
Préfecture, datée de juillet 1906 et communi-
quée à M. l'abbé Guillemin en même temps que
la première, toujours en janvier 1907, prouve que
le vote du supplément de la pension vicariale
n'a pas été approuvé, alors *qu'il aurait pu faci-
lement l'être, si la majorité du Conseil municipal avait voulu remplacer le mot « traitement ou indemnité » par le mot « allocation ».*

La déclaration de M. le percepteur de Marigny, disant à l'abbé Guillemin qu'il ne pouvait verser les 200 francs parce qu'il lui manquait « une délibération du Conseil municipal changeant le traitement du vicaire *en allocation* », démontre clairement que, s'il n'y avait pas eu mauvais vouloir, les fameux 200 francs auraient pu être maintenus au budget communal et remis, comme par le passé, entre les mains du vicaire.

N'est-ce pas ce qui a eu lieu bien ailleurs ? Saviez-vous cela, mes amis ?

Non, sans doute. Écoutez la suite.

M. Clouard, votre ancien curé, voyant que le mandat ne paraissait pas *à la mi-janvier 1907*, se décida à voir M. le Maire et à lui demander ce que signifiait ce retard.

Le Maire répondit que le budget était revenu de la Préfecture *depuis le mois de juin 1906*, mais que le paiement de l'*indemnité* accordée antérieurement au vicaire n'était pas autorisé. Ainsi la mairie savait depuis plus de six mois l'objection préfectorale et n'avait pas daigné en informer le presbytère. Tant elle avait bonne envie, n'est-ce pas, mes amis, de garder les 200 francs dûs pour 1906 et 1907 !

Et cependant le vicaire est resté à son

poste. Mgr l'Evêque, instruit par M. Clouard en personne de ce qui se passait relativement à cette question, aurait pû, dès ce moment-là, supprimer la première messe du dimanche. Sa Grandeur n'a pas hésité à le faire ailleurs ; *à Remilly, Elle ne l'a point fait*.

Comment l'a-t-on remerciée de son extrême bienveillance ?

En posant, pour la location du presbytère, des conditions que, dans aucune autre commune de même importance, on n'eût même pas osé formuler.

Il y a des gens qui comprennent, à leur manière, le devoir de la reconnaissance !

Location du presbytère.

M. le Maire prétend que, si l'affaire n'a pas abouti, la faute en est à M. Clouard, ancien curé de Remilly, et à Mgr l'Evêque.

Voyons ensemble, mes amis, ce qu'il faut penser de ces accusations. Nous constaterons sans peine qu'elles ne reposent sur aucun fondement et que *les vrais coupables sont les accusateurs eux-mêmes.* Voici, du reste, ce qui s'est passé.

Le dimanche 24 février 1907, M. le Maire donna lecture, au Conseil municipal, d'une lettre de M. le Préfet disant que, d'après l'évaluation cadastrale du presbytère et de ses dépendances, une location de 200 francs ne lui semblait pas exagérée.

Remarquons en passant, mes chers amis, qu'en consultant la préfecture sur cette question, *avant de l'avoir soumise au Conseil municipal,* M. le Maire a mis la charrue devant les bœufs, comme on dit chez nous.

C'était au Conseil municipal à fixer d'abord le prix du loyer, pour le soumettre *ensuite* à l'approbation préfectorale. Cela s'est fait partout ainsi.

Bref, après lecture de la lettre, M. le premier magistrat demanda individuellement l'avis de chacun des conseillers présents.

Lechevalier, Eugène, adjoint, renchérit sur prix fixé par M. le Préfet et l'éleva à 250 francs; Bucaille Hippolyte, mieux inspiré, proposa 100 francs; Laurent Edmond, Raulline Jean, Leprivey Edouard, Duprey Jacques, *Guesnon Alfred, maire, se prononcèrent pour 200 fr.*

Lehodey Alfred, abaissait le prix du loyer à 5 francs ; Duboscq Pierre, le faisait descendre à 1 franc. Ainsi, la majorité acceptait le taux indiqué par l'autorité administrative, c'est-à-dire 200 francs. M. le Préfet l'avait dit, pensez donc ! ! !

Il fut décidé alors qu'on allait additionner les sommes votées individuellement et diviser le résultat par le nombre des membres présents. Le quotient de la division fixa, dès lors, à 150 francs le prix de location demandé par le Conseil municipal.

On était en février : *le curé ne fut officiellement informé de cette décision qu'à la fin de mai.*

Un samedi, M. Guesnon annonça à M. Clouard qu'une délibération municipale, approuvée d'ailleurs par M. le Préfet, avait fixé à 150 francs le prix du loyer du presbytère.

« Très bien, répartit le Curé. Mais vous
« n'ignorez pas que pour faire un bail il faut être
« deux. Il vous a plu de fixer ainsi vos conditions
« de location. Mais j'ai le regret de ne pouvoir
« les accepter. En tout cas, puisque vous avez
« consulté M. le Préfet, vous ne trouverez pas
« mauvais qu'à mon tour, je consulte Mgr l'Evê-

« que. D'ici à quelques jours, je pourrai, je
« l'espère, vous communiquer la réponse de Sa
« Grandeur. »

Le jeudi suivant, en effet, M. Clouard com-
muniqua à M. le Maire la décision épiscopale
qu'il venait de recevoir le matin même.

Monseigneur autorisait la location *ou* pour
100 francs avec les impôts à la charge de la
commune, *ou* pour 75 francs avec les impôts à
la charge du locataire.

Ceci se passait, vous ne l'avez pas oublié,
mes amis, fin mai 1907.

De cette date à la fin de septembre de la
même année, les choses en restent là.

Le samedi 28 septembre, M. le Maire revient
trouver M. le Curé en lui disant :

« J'ai reçu des ordres de M. le Préfet. Il faut
« en finir. Combien voulez-vous louer le presby-
« tère ?

« — Vous le savez déjà, M. le Maire. Je vous
« l'ai dit il y a quatre mois. Je louerai le pres-
« bytère avec toutes ses dépendances : jardin,
« remises, fruitier, etc., pour la somme annuelle
« de 100 francs, les impôts restant à la charge
« de la commune, ou 75 francs avec les impôts
« à ma charge.

·— « Impossible, répliqua M. le Maire, le
« Préfet ne laissera pas passer. »

M. le Curé maintint sa déclaration en faisant
remarquer qu'il ne comprenait pas comment,
M. le Préfet ne laissait pas passer, à Remilly,
un prix de beaucoup supérieur aux chiffres
qu'il acceptait dans de bien plus grandes communes.

Voyant que la résolution de M. le Curé était
bien arrêtée, M. le Maire se décide à réunir de
nouveau le Conseil et lance des convocations
pour le dimanche 6 octobre.

De son côté, M. Clouard avait informé
Monseigneur du dernier entretien qu'il venait
d'avoir avec le magistrat municipal.

Vous savez, mes amis, quelle fut la réponse
de l'évêché. Le 5 octobre au matin, M. Clouard
reçut sa nomination au doyenné de Saint-Pois.

Il fallait s'y attendre. Depuis huit mois,
Monseigneur patientait et avait ainsi donné, à
la Municipalité, le temps de réfléchir.

L'Autorité diocésaine, en maintenant encore
la présence du vicaire et tous les avantages de
son ministère, donnait une nouvelle marque de
sa bienveillance tandis que l'autorité communale continuait d'être malveillante.

Comment ! alors que tous les presbytères des
environs sont loués pour des prix inférieurs
à 100 francs, celui de Remilly serait estimé à
150 francs ! ! ! Et pourquoi ? Est-il plus confor-
table que celui de St-Aubin-de-Losques qui est
loué 50 francs ? Est-il plus vaste et plus cossu
que celui de Marchésieux, qui n'est loué que
75 francs ?

Si vous ne connaissez pas ces différents presbytères, visitez-les donc, vous surtout, MM. les
conseillers municipaux de Remilly. Ils sont
habités par des curés qui accueillent aimable-
ment tous ceux qui se présentent chez eux.
Payez-vous donc la vue des locaux en question,
et vous verrez si, oui ou non, ils valent ceux
qui étaient à la disposition des prêtres de votre
paroisse. *Peut-être comprendrez-vous alors
que vous avez été bien mal inspirés en vous
entêtant* à maintenir votre prix de location à
150 francs, et que, *seuls, vous êtes responsa-
bles de la situation actuelle.*

*Oui, c'est vous qui, par vos exigences, avez
mis le curé et son vicaire à la porte du presbytère.*

Il y a deux moyens de mettre les gens à la
porte : les pousser dehors brusquement, vous

n'avez pas osé le faire; ou bien leur imposer des conditions inacceptables et inouïes. *C'est ce que vous avez fait.*

Ne dites pas, après cela, monsieur le Maire, que Mgr l'Evêque et M. Clouard sont les auteurs du mal. *Non, c'est vous qui, avec la majorité du Conseil, avez créé le différend. C'est sur vous que la faute retombe.*

N'ajoutez pas que la chose allait s'arranger au moment même où M. Clouard est parti. D'abord il faut une fin à tout; et puis *vous n'en pouvez rien savoir,* car, *par suite du départ du Curé qui quittait la commune,* ce sont vos propres expressions, vous avez renvoyé à une date ultérieure la réunion fixée au dimanche 6 octobre.

Ne vous plaignez pas non plus, M. le Maire, que le vicaire, *après le départ du curé, se soit* « esbiné » *à Marchésieux* au lieu de rester à Remilly.

Comment! *vous auriez voulu obliger l'abbé Guillemin à rester seul dans le presbytère,* sans mobilier, sans domestique etc. Qui chasse le curé, chasse le vicaire, vous le savez bien.

Visite de M. le Maire
à la veuve Robin.

Ce troisième son de notre cloche ne flattera guère le tympan du bon M. le Maire. Mais M. le Maire croit-il caresser le nôtre quand il rejette sur l'Evêque, sur le curé qui est parti, sur le vicaire, qui s'est « esbiné », comme il dit, à Marchésieux, etc., la responsabilité de la situation. Il faut bien défendre la vérité en la rétablissant.

Eh bien ! serait-il vrai que M. le Maire serait allé certain jour trouver Mme Robin, qui tenait en sous location de M. l'abbé Clouard un herbage de Mlle de Cussy, *pour lui enjoindre de ne plus verser l'argent des fermages au clergé de Remilly ?*

Si cette pièce de terre avait appartenu à l'Eglise et eût été sous séquestre, M. le Maire se serait chargé, sans y être nullement obligé, d'une bien vilaine commission. Mais il s'agissait d'un terrain qui n'était ni à la cure, ni à la Fabrique, d'un terrain dont le curé jouissait en vertu d'un bail de dix-neuf ans, en bonne et due forme, consenti, d'une part, par Mlle de Cussy,

et, de l'autre, par M. Clouard, et enregistré à
Marigny le 22 août 1900. De quel droit M. le
Maire mettait-il son nez là-dedans ? Pour nous,
M. Guesnon est un honnête homme, mais lui,
comment appellerait-il celui de ses administrés qui ferait contre lui la même chose ? Bref,
si vous dites qu'il a su ce qu'il faisait, lui donnez-vous raison ? et, si vous dites qu'il n'a pas
compris, pour qui le prenez-vous ?

En tout cas, le croirez-vous encore quand il
dira qu'il a tout fait pour avoir un curé ? Et comment s'y prendrait-il donc pour n'en point avoir !

Passons sous silence cette autre gracieuseté
de M. le Maire envers le vicaire administrateur de la paroisse, le refus de signer son certificat de vie qui lui était nécessaire pour toucher
la maigre allocation que l'Etat lui servira
encore deux années, et écoutons vite un dernier
son : la désaffectation du « fruitier ».

Désaffectation du « fruitier »

Or donc, le 1er dimanche de mars 1908, M. le
Maire réunit son Conseil municipal.

La veille, à Marigny, il s'était rencontré avec des gens influents, et il était rentré avec l'intention de se venger de l'Autorité diocésaine. Se venger de quoi ? De la trop grande patience de cette autorité, sans doute, à l'égard de la paroisse de Remilly !

Déjà, quinze jours auparavant, le 16 février, le Conseil municipal, à l'unanimité, avait voté l'élargissement du chemin reliant la rue des Juifs à la route de Marchésieux et décidé de prendre, à cet effet, quelques mètres de terrain sur l'enclos du presbytère appelé « le fruitier ».

Mais l'appétit vient en mangeant, dit-on, et il s'agissait maintenant de s'emparer de tout le fruitier pour en faire une place publique.

Aussitôt dit, aussitôt réglé. La majorité du Conseil adopta la motion. Deux voix seulement firent opposition.

La séance à peine terminée, la vente des pommiers contenus dans le verger et de l'épine formant la haie, est affichée pour le dimanche suivant 8 mars, à 4 heures du soir.

Que pensez vous de cette précipitation, mes amis ? Ne vous semble-t-il pas que la majorité aurait dû attendre au moins deux jours afin de donner le change et de faire croire au public

que la délibération avait eu le temps d'aller à St-Lo et d'en revenir approuvée. Mais non! N'y tenant plus d'aise d'avoir joué un si bon tour, ces messieurs se sont hâtés d'en informer le public.

En agissant ainsi, ils ont donné une preuve nouvelle d'un absolu manque de convenances dont tous les honnêtes gens les blâment et les blâmeront.

Profiter du moment où le presbytère n'est pas habité -- et cela par leur faute — pour s'emparer du fruitier et abattre des arbres plantés par les curés de Remilly, sans entente préalable avec l'Evêché, connaissez-vous, mes amis, pareils procédés ?

Non, assurément.

Aussi, dès le mercredi suivant, 11 mars, M. l'abbé Guillemin crut-il de son devoir d'avertir Mgr l'Evêque du fait nouveau qui venait d'avoir lieu. Il pouvait annoncer la chose comme certaine : *il la tenait de M. le Maire lui-même.*

Monseigneur, outré à bon droit de l'attitude provocante de la majorité du Conseil municipal et de la façon dont elle répondait à ses bontés, se vit obligé de sévir, en nommant M. l'abbé Guillemin, vicaire à Ste-Mère-Eglise et en annexant provisoirement la paroisse de Remilly à celle de Marchésieux.

Que M. le Maire n'essaie point de travestir les faits !

Mais qui donc l'inspire depuis le commencement de cette malheureuse affaire qui a abouti nécessairement à la fâcheuse situation faite à paroisse de Rémilly ?

Hélas ! vous le savez tous trop bien, n'est-ce pas, mes amis ?

Quoiqu'il en soit M. le Maire, ceux qui vous ont poussé à faire cette gaffe, après plusieurs autres, vous disent maintenant, comme le renard de la fable sorti du puits :

> Adieu, je suis dehors,
> Tâche de t'en tirer et fais tous tes efforts.

Eh bien ! oui, M. le Maire, tâchez d'en sortir.

Conclusion

Vous êtes renseignés, mes chers amis. La seconde cloche a sonné clair et vrai.

Elle vous a dit la cause de la suppression du traitement vicarial jadis voté et payé par la commune.

Elle vous a dit les pourparlers qui ont eu lieu au sujet de la location du presbytère et les exigences excessives relativement au prix du loyer.

Elle vous a dit l'intervention, pour le moins très indiscrète, de M. le Maire dans la question des herbages de Mlle de Cussy loués par M. Clouard.

Elle vous a dit l'attitude du même M. le Maire envers le même M. Guillemin à propos d'un certificat de vie et de l'inscription de ce dernier sur la liste électorale.

Elle vous a dit enfin l'accaparement, par la majorité du Conseil municipal « du fruitier » dont jouissaient les curés successifs.

Elle aurait pu ajouter quelques notes au sujet de l' « Aumône », herbage situé près du Calvaire, qui est devenu subitement bien d'église ou de cure, alors qu'avant la loi de séparation, tout le monde le regardait comme bien communal. Pourquoi et comment ce changement subit? Sans doute pour l'enlever plus aisément à l'usage des curés futurs de Remilly !

Maintenant, répondons à la question suivante :

Sur qui retombe nécessairement la responsabilité de la fâcheuse situation dans laquelle se **prouve la paroisse de Remilly ?**

A qui la faute si cette commune est privée de prêtres ?

Il n'y a pas d'hésitation possible. Elle retombe toute entière sur la majorité du Conseil municipal et sur M. le Maire.

Elle ne saurait, en effet, être rejetée sur l'Autorité épiscopale, qui, malgré tous les manques d'égards dont elle a été victime, tous les procédés malveillants dont on a usé envers elle directement ou indirectement, s'est toujours montrée bienveillante à l'excès. En voulez-vous la preuve ?

Comment Mgr l'Evêque a-t-il répondu à la suppression du traitement vicarial ?

Par le maintien du vicaire dans la paroisse.

Comment la commune l'a-t-elle remercié de son extrême bonté ?

En exigeant pour le presbytère un prix de location beaucoup plus élevé que celui des communes de même importance.

Une pareille manière d'agir aurait mérité, dès ce moment-là, la privation non seulement de curé, mais encore de tout prêtre, puisqu'on refusait de louer dans des conditions acceptables.

Qu'a fait Monseigneur ? A-t-il usé de rigueur ? Non. Il a préféré patienter et, tout en appelant à un poste supérieur M. Clouard, qui était moralement mis à la porte du presbytère, Sa Grandeur a donné encore une preuve de sa condescendance en nommant M. Guillemin administrateur de la paroisse et en lui permettant de remplir, à Rémilly, tous les actes du ministère. Dieu sait si M. Guillemin s'est montré zélé et s'il fait preuve de bonne volonté !

M. le Maire et la majorité du Conseil municipal n'ont pas compris ou n'ont pas voulu comprendre.

En effet, pour remercier Monseigneur, ils ont décidé de faire du fruitier une place publique *s'avançant jusque sous les fenêtres du presbytère* et le rendent par conséquent inhabitable pour un prêtre.

En présence d'une obstination aussi forte et aussi opiniâtre, l'autorité épiscopale a été obligée d'agir comme elle l'a fait.

Et la faute n'en est nullement à elle, mais bel et bien à l'administration municipale.

C'est ce qu'il fallait démontrer.

Puissions-nous avoir réussi, mes chers amis, à vous faire comprendre et à vous faire défendre vos meilleurs intérêts !

www.ingramcontent.com/pod-product-compliance
Lightning Source LLC
Chambersburg PA
CBHW070755280326
41934CB00011B/2939